AF252754

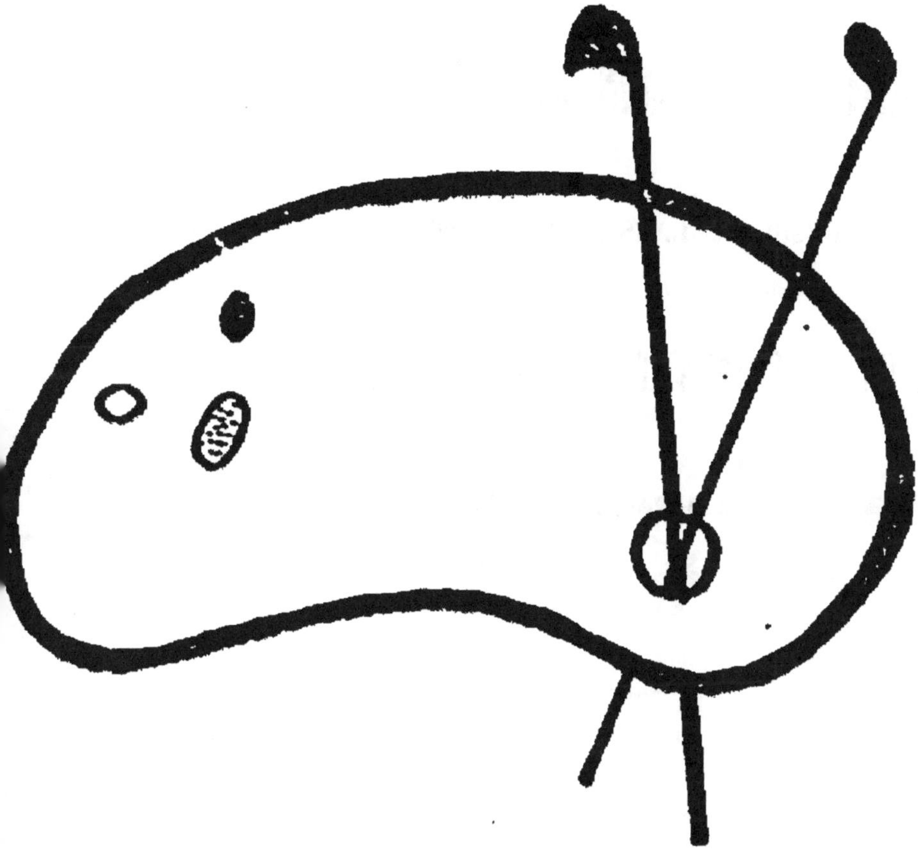

DEBUT D'UNE SERIE DE DOCUMENTS
EN COULEUR

LES INTÉRÊTS

DU

COMMERCE FRANÇAIS AU CONGO BELGE

CONSIDÉRÉS DANS LEURS RAPPORTS

AVEC LA CONVENTION FRANCO-CONGOLAISE

du 9 Février 1891.

———◆———

PARIS

IMPRIMERIE ET LIBRAIRIE CENTRALES DES CHEMINS DE FER

IMPRIMERIE CHAIX

SOCIÉTÉ ANONYME AU CAPITAL DE CINQ MILLIONS

Rue Bergère, 20

1891

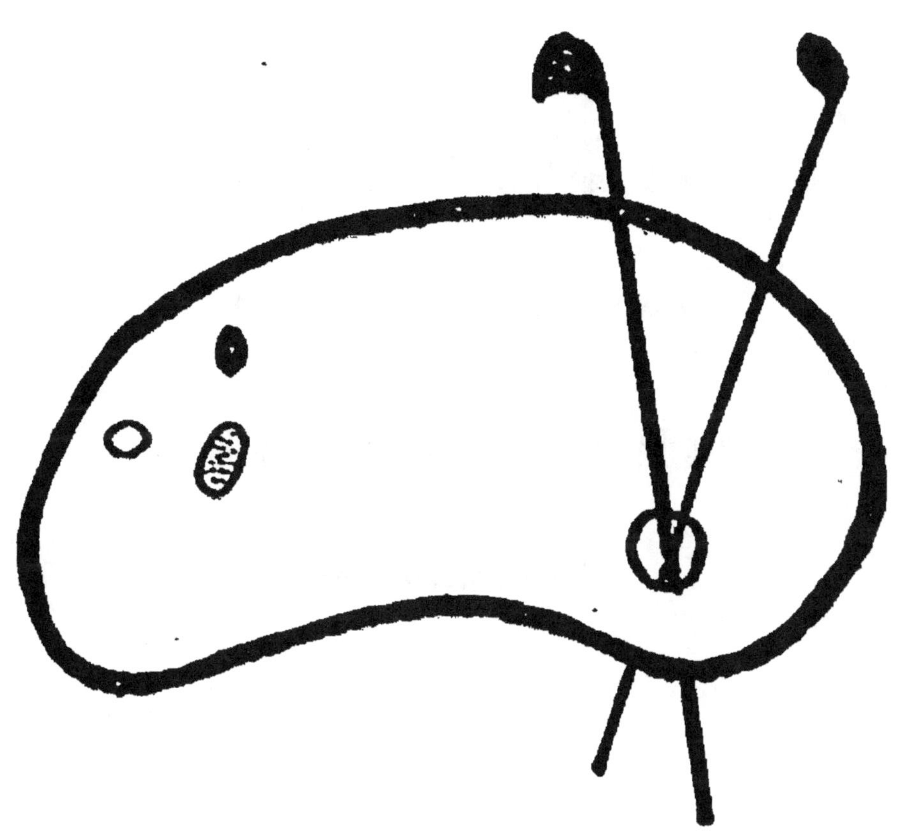

FIN D'UNE SERIE DE DOCUMENTS
EN COULEUR

LES INTÉRÈTS

DU

COMMERCE FRANÇAIS AU CONGO BELGE

CONSIDÉRÉS DANS LEURS RAPPORTS

AVEC LA CONVENTION FRANCO-CONGOLAISE

du 9 Février 1891.

PARIS

IMPRIMERIE ET LIBRAIRIE CENTRALES DES CHEMINS DE FER

IMPRIMERIE CHAIX

SOCIÉTÉ ANONYME AU CAPITAL DE CINQ MILLIONS

Rue Bergère, 20

1891

LES INTÉRÊTS

DU

COMMERCE FRANÇAIS AU CONGO BELGE

CONSIDÉRÉS DANS LEURS RAPPORTS

avec la *Convention* que le *Gouvernement Français*

et *l'État indépendant du Congo*

ont passée entre eux à la date du 9 février 1891.

<MESSIEURS LES SÉNATEURS,>
<MESSIEURS LES DÉPUTÉS,>

Sur l'initiative de l'État du Congo, le Gouvernement français a passé avec ledit État, à la date du 9 février 1891, une Convention, soumise à la ratification du Parlement, aux termes de laquelle le régime économique établi pour *vingt années* dans le bassin conventionnel du Congo, par l'Acte Général de Berlin du 26 février 1885, se trouve remplacé par celui du nouvel instrument diplomatique.

Avant d'entrer plus avant dans les détails de la question que ce grave changement soulève, disons de suite que le nouveau régime est la contre-partie absolue de l'ancien, et que si le Parlement pouvait en approuver l'économie, son vote favorable aurait pour conséquence immédiate et fatale la ruine du Commerce français présentement engagé dans les affaires du Congo belge.

En effet :

Sous le régime *essentiellement libéral*, et voulu tel par les divers cosignataires de l'Acte de Berlin, Acte qui a encore *quatorze années* à courir : entrée en franchise de toutes les marchandises, droits ou taxes d'ordre intérieur autorisés, seulement à concurrence d'une *équitable* compensation de dépenses *utiles* faites pour le commerce, opérations commerciales libres pour tout le monde.

Sous celui *exorbitamment fiscal et antilibéral* de la nouvelle Convention : opérations commerciales impraticables pour tous, sauf pour l'Etat du Congo, ou, ce qui revient au même, pour les diverses sociétés belges à la création desquelles il a poussé de toutes ses forces, et que pour cette raison il aura sans doute à cœur de maintenir.

Car il faut bien qu'on le sache, — si grande qu'en doive être la surprise, — l'Etat du Congo dégagé de scrupules à l'endroit du respect qu'il devrait avoir pour son titre, pratique le commerce tout comme le pratiquent ses malheureux administrés européens que leur confiance en l'Acte de Berlin avait attirés sur son territoire. Mais il le pratique à sa façon, c'est-à-dire avec cet avantage énorme sur ses malheureux concurrents que lui, Etat, ne se paye ni droits ni taxes d'aucune sorte alors qu'il en accable les autres, et que, de plus, il use sans gêne, et pour son plus grand profit commercial, des nombreux et puissants moyens d'action que sa qualité de Gouvernement lui donne sur les vendeurs d'ivoire indigènes.

D'autre part, il ne faut pas, non plus, que l'on ignore que le créateur et le grand directeur des diverses sociétés belges qui ont engagé *trente-deux millions* de capital dans le Congo, n'est autre qu'un officier d'ordonnance du Roi-Souverain de cet Etat.

Dans ces conditions, et si l'on sait que, pour une production annuelle d'environ *cinq millions de francs* fournie actuellement par le territoire de l'Etat du Congo, celui-ci, — pour faire vite et grand, — s'est témérairement imposé un budget de dépenses qui, pour l'année 1891, s'élève au chiffre énorme de 4,554,931 fr. 87, on comprendra facilement que, pour alléger une cassette particulière qui n'en peut plus, il ne trouve d'autre moyen, pour parer au déficit, que de viser à un monopole commercial déguisé de son immense territoire africain.

Car, ce monopole commercial il ne peut le demander ouvertement aux cosignataires intéressés de l'Acte de Berlin, sachant bien qu'il courrait, ainsi, au-devant d'un refus formel de la part de ces derniers.

De cette situation embarrassée, autant qu'embarrassante, sont nées les opérations commerciales qu'à la grande surprise de ses administrés européens en Afrique, l'Etat du Congo a pratiquées dans le passé et que, plus que jamais, il aura besoin de pratiquer dans l'avenir sous peine de succomber sous le poids de charges que, très inconsidérément, il met de jour en jour sur ses épaules.

Ah ! si l'Etat du Congo avait, comme les autres Gouvernements européens, un peuple de contribuables derrière lui, la question se poserait autrement : il demanderait à ceux-ci le supplément de ressources dont il a besoin pour équilibrer son budget, et tout serait dit. Mais tel n'est pas le cas.

Son caractère purement africain le place dans cette situation difficile que, tout en voulant marcher de l'avant, d'un pas plus précipité que les autres, il n'a, pour subvenir à ses charges, que la cassette particulière de son Souverain et les impôts dont il peut frapper les quelques commerçants établis sur son territoire. Or, comme ces deux ordres de ressources sont encore loin, bien loin, de pouvoir suffire au nivellement de son budget, il ne voit, nous le répétons, d'autre moyen de sortir d'embarras que de viser les bénéfices, que, seul, un monopole commercial pourrait lui procurer.

Toutefois, comme l'extrême délicatesse du sujet ne lui permettait pas d'aborder les difficultés de front, il s'est alors patiemment attaché à les tourner par des négociations habiles, lesquelles, grâce à l'esprit profondément débonnaire de notre Gouvernement (qui pourtant, avait été mis en éveil à ce sujet), ont finalement abouti à la désastreuse Convention du 9 février 1891.

En cet état il ne reste plus, pour rendre la Convention exécutoire, que la ratification du Parlement.

Si cette ratification est accordée, on peut être certain que, désormais, ce ne sera pas l'Etat du Congo qui, pour jouir en paix du privilège commercial visé, aura à remplir la tâche délicate d'expulser le commerce français et étranger de son territoire; celui-ci sera bien obligé de s'en aller de lui-même, car il tombe sous le sens qu'il ne saurait supporter la concurrence commerciale d'un Etat qui, en dehors de ses puissants moyens de pression sur les indigènes, ajoute encore à sa charge des mesures fiscales tellement exorbitantes qu'elles peuvent atteindre jusqu'à 50 0/0 du montant de ses opérations. — Car telle est bien la portée de la déplorable Convention au bas de laquelle notre Gouvernement n'a pas craint d'apposer sa signature.

Que si l'on doute des assertions à peine croyables qui précèdent, ajoutons, comme fait convaincant à l'appui que, déjà, en suite d'une interprétation abusive que l'Etat du Congo fait, depuis quelque temps, de l'esprit de l'Acte de Berlin, en édictant, de son propre chef, des taxes ruineuses pour le commerce, celui-ci, pour y échapper dans une certaine mesure, a dû cesser toutes opérations commerciales dans plusieurs de ses établissements africains.

Il est donc urgent que l'Etat du Congo soit, sans retard,

rappelé au respect de ses engagements internationaux, et que l'Acte de Berlin, auquel il doit son avènement à la vie politique, ne devienne pas plus longtemps lettre morte pour ceux des commerçants qui, ayant eu foi en sa durée de vingt ans, ont engagé des capitaux considérables dans le bassin du Congo.

Cela dit, venons-en aux détails justificatifs du langage qui précède.

Acte général de Berlin du 20 février 1885.

Le 15 novembre 1884 une Conférence Internationale se tenait à Berlin, à l'effet de traiter de certaines questions relatives à l'Afrique et, particulièrement, du régime politique et commercial à appliquer dans les deux grands bassins fluviaux du Congo et du Niger.

Le 26 février 1885, les accords intervenus au cours des travaux de la dite Conférence étaient consignés dans une convention définitive intitulée :

ACTE GÉNÉRAL DE BERLIN

En ce qui concerne le bassin du Congo, voici quelles furent les dispositions arrêtées.

ARTICLE 1er. —Consécration du principe d'une complète liberté commerciale en faveur de toutes les nations.

ART. 2. — Libre accès de tous les pavillons, sans distinction de nationalité, à tout le littoral, rivières se déversant dans la mer, à toutes les eaux du Congo et de ses affluents, y compris les lacs, canaux, etc.

ART. 3. — « Les marchandises de toute provenance » importées dans ces territoires, sous quelque pavillon » que ce soit, par voie maritime ou fluviale, ou par celle

» de terre, n'auront à acquitter d'autres taxes que celles
» qui pourraient être perçues comme une *équitable* com-
» pensation de dépenses *utiles* pour le commerce et qui,
» à ce titre, devront être également supportées par les
» nationaux et par les étrangers de toute nationalité. »

ART. 4. — « Les marchandises importées dans ces
» territoires resteront affranchies de droits *d'entrée* et de
» *transit*. Les Puissances se réservent de décider, *au*
» *terme d'une période de vingt années,* si la franchise d'entrée
» sera ou non maintenue. »

ART. 5. — « Toute Puissance qui exerce ou exercera
» des droits *de* souveraineté dans les territoires sus-visés
» ne pourra y concéder ni *monopole* ni *privilège* d'aucune
» espèce en *matière commerciale,* » etc.

Telles furent les principales dispositions commerc'ales
qui, en ce qui concerne le bassin du Congo, furent
édictées par l'Acte général de Berlin du 26 février 1885.

PREMIERS EFFETS DE L'ACTE DE BERLIN

A la publication officielle de ces accords, le commerce
qui, jusque-là, avait borné ses opérations aux régions
du littoral et du Bas-Congo, comprenant que, désormais,
l'avenir appartiendrait aux plus entreprenants, se mit
immédiatement en mesure de se porter plus avant dans
l'intérieur de cette partie de l'Afrique.

Mais, pour pouvoir atteindre ce but, il lui fallait obvier
à l'obstacle infranchissable des rapides du Congo, rapides
qui, sur une longueur d'environ 400 kilomètres, divisent
le fleuve en deux parties d'inégale importance.

Il lui fallait, en outre, stimuler tout un monde de
porteurs indigènes pour le faire se décider à prendre des
milliers de charges de marchandises, de matériel, etc.,

dont le poids ..rut, pour chacune d'elles, ne dépassât pas
30 kilogrammes.

Ce que ce premier travail a coûté d'efforts, de patience,
de frais de toute nature, personne ne saurait s'en faire
une idée exacte. Mais enfin, peu à peu, les choses se
sont régularisées, si bien qu'aujourd'hui tous les indigènes
de la contrée sont adonnés à cette industrie des transports.

Toutefois, faire transporter des marchandises, du matériel, etc., à dos d'homme, et par charges de 30 kilogrammes, le long d'une route de 400 à 550 kilomètres, sui-
vant la voie prise, et par des sentiers mal frayés,
accidentés, à peine praticables, n'était, pour si hardie
qu'elle fût, qu'une première partie de la tâche; arrivés
au-dessus des rapides, c'est-à-dire à Brazzaville, là où le
Congo et ses nombreux affluents d'amont redeviennent
navigables, et ce, sur une longueur d'ensemble de 8 à
10,000 kilomètres, une seconde tâche, et celle-ci bien
autrement difficile que la première s'imposait: il fallait
créer des établissements, se pourvoir d'un matériel naval
propre au parcours de cet immense bassin fluvial, en un
mot se munir de tout l'outillage nécessaire au fonction-
nement d'une entreprise commerciale sérieuse.

De là, obligation d'envoyer d'Europe et, bien entendu,
à énormes frais : embarcations, vapeurs de construction
spéciale, démontés, demandant jusqu'à trois mille hommes
pour en transporter les nombreuses pièces; caisses à air
pour pouvoir soulever et réparer ces derniers; tout un
personnel d'ouvriers pour, une fois toutes les pièces
rendues, procéder au travail de remontage; bref, tout un
ensemble d'engins entraînant l'immobilisation d'un capital
considérable.

Eh bien, au bout de quelques années de ce labeur in-
cessant, autant que dispendieux, toutes les difficultés
étaient vaincues; les Sociétés qui avaient eu le courage,

rare, d'engager de gros capitaux dans ces affaires lointaines, difficiles et éminemment aléatoires allaient, peut-
être, recueillir le fruit de leurs longs efforts lorsqu'est
survenue l'inconcevable Convention du 9 février 1891,
apportant l'arrêt commercial, au lieu et place des espé-
rances conçues.

A ce propos, que l'on nous permette, ici, une courte
digression.

Si c'est avec de semblables marques de sollicitude pour
le commerce français d'outre-mer que le Gouvernement
espère attirer les capitaux vers les affaires coloniales, ce
n'est vraiment pas la peine de conquérir des territoires,
de grever le budget métropolitain de charges lourdes, de
faire étudier des projets de chartes, etc.; car la leçon
qui se dégage du fait actuel, où, toutes les garanties
légales les plus incontestables sont retournées contre les
intérêts nationaux, n'est certainement pas faite pour
stimuler l'esprit d'entreprise de nos concitoyens.

Et que l'on ne vienne pas dire que les réclamations
actuelles n'ont aucun lien avec une convention, statuant
seulement sur des affaires engagées en territoire étrange.,
car, en la circonstance, ces affaires sont les parties d'un
tout commercial ayant base et siège sur le sol français de
la rive droite du Congo, juste en face de la rive gauche
du Congo belge. En de pareilles conditions et étant donné
le régime de neutralité politique et de liberté commerciale créé par l'Acte de Berlin dans cette partie de l'Afrique, chacun comprendra que pour pouvoir constituer une
affaire sérieuse, il faille nécessairement opérer sur les
deux rives d'un fleuve appartenant, pour partie à la
France et pour partie à l'État du Congo. C'est donc bien
à tort que l'on ferait, ici, une distinction de cas qui
n'existe pas.

Convention du 9 février 1891.

Arrivons, maintenant, à l'examen particulier et détaillé de la malheureuse Convention du 9 février 1891.

D'ordinaire, lorsqu'une Convention internationale existe, que cette Convention a encore *quatorze années* de durée légale, comme c'est ici le cas pour l'Acte de Berlin, il est rationnel que la partie à laquelle on s'adresse pour en demander la modification anticipée réponde, sinon par un refus absolu, tout au moins par la réserve préalable que les intérêts de ses nationaux ne seront, en tous cas, pas atteints dans leur source vive par les changements sollicités.

Dans la circonstance présente, phénomène bizarre et, croyons-nous, inouï dans les précédents de ce genre, notre Gouvernement s'est, non seulement départi de la règle et de son droit, mais il l'a fait dans une mesure tellement ruineuse pour les intérêts de ses nationaux et tellement favorable pour ceux de l'Etat du Congo que, si la Convention est approuvée, tout le commerce français et étranger en sera réduit à cette extrémité désastreuse d'abandonner tous ceux de ses établissements édifiés en territoire de l'Etat.

Et alors, qu'arrivera-t-il ?

Il arrivera ceci, c'est que l'Etat du Congo et les Sociétés belges restés maitres absolus du commerce de leur territoire, y achèteront à tel prix modique qu'ils voudront et, qu'à l'aide de cette situation privilégiée, ils pourront, en sacrifiant une petite partie de leurs avantages, venir — tout au moins les Sociétés belges — faire une concurrence mortelle aux commerçants établis en face sur le territoire français. Car, que l'on note bien que la

Convention du 9 février 1891 pour si restrictif qu'en soit l'esprit, se garde bien de dire que les commerçants, à quelque nationalité qu'ils appartiennent, seront empêchés de s'établir dans telle ou telle partie du bassin conventionnel.

Non, à s'en tenir à la lettre de la Convention, tout le monde pourra opérer là où il voudra; seulement, comme, au fond, tel n'est pas le désir de l'Etat du Congo qui, tout au contraire, a intérêt à se débarrasser de la concurrence commerciale étrangère opérant sur son territoire, il lui fallait, pour atteindre ce but, trouver un moyen détourné. Ce moyen détourné c'est, malheureusement, notre gouvernement qui a eu la faiblesse de le lui fournir en consentant bénévolement à accepter des mesures douanières et fiscales exorbitantes, des distinctions de zones habiles, mais foncièrement cauteleuses, toutes choses qui, ne pouvant être supportées par le commerce, obligent celui-ci à se retirer, de lui-même, du territoire de l'Etat.

C'est vainement que, pour combattre ces raisons, on arguerait que les Sociétés belges, entendues à ce sujet, ne partagent pas ces idées pessimistes; que pour elles les accords intervenus peuvent être acceptés; car on a pu voir sous quelles influences, presque officielles, ces Sociétés se sont constituées, et quels liens étroits les rattachent a la fortune de l'Etat du Congo : il suffit, pour cela, de rappeler que le créateur et le grand directeur de ces Sociétés est Officier d'ordonnance du Roi-Souverain de l'Etat du Congo.

Le fait en paraîtrait incroyable s'il n'était consigné dans un rapport officiel, tout récent, publié par l'une d'elles. Mais même que ce ne fut plus là, aujourd'hui, pour cet officier, qu'un titre honorifique, il l'était de fait, il n'y a pas bien longtemps encore.

Au surplus, voici des chiffres et des faits qui permettront d'apprécier qui a raison, du commerce étranger ou des Sociétés belges.

Charges édictées par la nouvelle convention.

DROITS D'ENTRÉE.

L'entrée en franchise des marchandises, stipulée dans l'Acte de Berlin du 26 février 1885, pour une période de vingt années, est remplacée par un droit de :

10 0/0 *ad valorem* sur les armes à feu, les munitions, la poudre et le sel ;

6 0/0 — sur les autres marchandises, à l'exception des boissons spiritueuses.

Droits d'entrée sur boissons spiritueuses, remplacés par un régime de licences graduées, dont les agents de l'État détermineront, d'eux-mêmes, le taux, c'est-à-dire arbitrairement.

DROITS DE SORTIE.

10 0/0 droits de sortie sur le caoutchouc évalué, dès à présent à 4 francs le kilo ;

10 0/0 — sur l'ivoire acheté en zone dite commerciale, et sur valeur fixée, dès à présent, à 10 francs le kilo pour morceaux et pilons ;

16 francs pour dents d'un poids inférieur à 6 kilos ;

21 francs pour dents d'un poids supérieur à 6 kilos ;

25 0/0 — sur ivoire acheté en zone non commerciale, et sur valeur également

> fixée, dès à présent, à 10 francs
> le kilo pour morceaux et pilons;
>
> 16 francs le kilo pour dents de
> moins de 6 kilos;
>
> 21 francs le kilo pour dents de plus
> de 6 kilos.

En présence de taux si excessifs, on pourrait croire que le plus simple esprit d'équité commandait au gouvernement de l'Etat du Congo de ne faire porter le droit que sur la valeur des produits aux lieux d'achat en Afrique. Pas du tout : pour certaines qualités de caoutchouc la valeur sur laquelle le droit devra porter est, à peu près, celle d'Europe; quant à celle de l'ivoire, il n'est même pas sûr que son prix de vente en Europe atteigne, aux chiffres déterminés par le bon plaisir de l'Etat.

Il est vrai que pour faire passer sur ces premières estimations abusives, il est dit dans une note placée à la suite que « ces chiffres seront revisés périodiquement d'après la valeur marchande à la côte d'Afrique, dans des conditions de nature à donner toute garantie au commerce ».

(Que n'a-t-il commencé par là !...)

Si, après ce *bon billet*, les commerçants ne dorment pas tranquilles, c'est qu'ils seront, vraiment, bien soupçonneux !

Que dire, aussi, de cette habile division du pays en deux zones, plaisamment appelées : l'une *Commerciale*, sans doute parce qu'elle ne produit rien par elle-même tant elle est minuscule, mais où le droit de sortie est limité à 10 0/0; l'autre *non Commerciale*, sans doute parce qu'elle produit tout, tant elle est immense, mais où, par une sorte de logique à rebours, car elle est plus éloignée et plus difficile d'accès que l'autre, le droit de sortie est élevé de 10 à 25 0/0 !

En effet, la zone à droits moins élevés est celle qui, d'accès facile, comprend « tous les territoires de l'Etat du Congo en aval du « Stanley Pool et dans les territoires » du Haut-Congo compris dans un périmètre s'étendant » à 50 kilomètres sur chaque bord et des rivières navi- » gables depuis le Stanley-Pool jusqu'aux points où la » navigation du Congo et de ses affluents est interrom- » pue par des chutes. »

La zone à droits plus élevés, beaucoup plus difficile d'accès comprend, sauf les 50 kilomètres de profondeur de rives affectés à la première, tout le reste de l'immensité du territoire de l'Etat du Congo, c'est-à-dire une surface grande comme plusieurs fois la France.

Ainsi donc :

Pour zone minuscule, facile d'accès, mais sans valeur commerciale 10 0/0 droits de sortie.

Pour zone immense, difficile d'accès mais de vraie valeur commerciale 25 0/0 droits de sortie.

Tel est l'esprit d'équité qui a présidé à toutes ces combinaisons savantes.

Mais il fallait bien que l'*Etat commerçant du Congo* se prémunit d'une façon certaine contre les entreprises possibles de la concurrence !

Eh bien, avec cette précaution d'un droit de sortie qui, pour les dents d'ivoire dépassant 6 kilos, s'élèvera à 5 fr. 25 par kilo, il peut être assuré que personne n'ira gêner ses opérations en zone fournisseuse de cette riche matière.

Les divers droits qui précèdent, pour si exagérés qu'ils soient, ne sont pourtant que ceux relevant de la classe douanière proprement dite ; mais là, ne s'arrêtent pas les c[h]arges sous le poids desquelles l'Etat du Congo a résolu d'écraser le commerce étranger.

Il y a, après cela, les taxes, dites intérieures, dont il est non moins instructif de faire connaître l'énumération.

TAXES INTÉRIEURES.

1° Droits au mètre carré de superficie, sur établissements dits de 1er et 2e rang ;

2° Droits sur commis de bureau, ouvriers ou domestiques non indigènes et sur ouvriers ou domestiques indigènes ;

3° Droits sur vapeurs, embarcations à voiles, allèges, pirogues à rames, etc. ;

4° Droits sur coupes de bois pour alimenter les chaudières de vapeurs, avec obligation, pour procéder à ces coupes, d'en demander l'autorisation préalable au Gouverneur ou à ses délégués ;

5° Droits de péage sur la route conduisant du Bas-Congo au Haut-Congo et vice versa, avec obligation d'apposer sur les colis autant de *tickets* que ceux-ci comportent de charges ou de parties de charges de 30 kilos au plus, les dits tickets devant indiquer à l'encre et lisiblement :

La date du départ de la charge ;
L'endroit où l'expédition a été faite ;
Le nom de l'expéditeur ;
La localité où le ticket a été délivré, etc.

6° Droits de recrutement sur les porteurs, etc., etc.

Pour abréger, il n'est donné ci-dessus que les titres généraux d'un même ordre de taxes, mais dans l'application de ces dernières, il existe sous le même titre plusieurs catégories distinctes les unes des autres, ce qui complique d'autant les formalités.

A propos de ces taxes, dites d'intérieur, dont, comme on le voit, l'Etat du Congo use et abuse, une question se pose : celle de savoir si ce dernier a le droit de ne tenir aucun compte, et des prescriptions de l'article 3 de l'Acte de Berlin et, d'une manière générale, de l'esprit foncièrement libéral de cet Acte.

Réflexions générales sur l'économie de la Convention du 9 février 1891.

On vient de voir, par le long exposé qui précède, quelles sont les exorbitances fiscales que la Convention du 9 février 1891 consacre en faveur de l'Etat du Congo. Ce n'est pas tout : il faudrait lire le *Bulletin officiel* de ce dernier et les innombrables arrêtés locaux pris par les autorités africaines pour se rendre un compte exact de la formidable réglementation de formalités, d'amendes, de pénalités de toute nature dont toute cette riche fiscalité est accompagnée.

L'Etat du Congo paraît avoir si bien prévu les difficultés inextricables au milieu desquelles le commerce se débattra pour l'accomplissement des formalités prescrites, qu'il a cru pouvoir inscrire d'avance, dans son budget de recettes de 1891, une certaine somme à provenir du chapitre des amendes.

Quel avant-goût du joli régime libéral qu'il ménage à ses malheureux administrés !

Et dire que tout cela est conçu, ordonné en vue d'une application en des régions encore sauvages comme le sont celles de l'Afrique centrale; d'un pays malsain, où, ni argent, ni organisation n'existent ! car, pour toute figuration officielle et représentative de sa puissance, l'Etat du Congo, dans un immense territoire grand comme plusieurs fois la France, n'a pas, à son service, plus de 200 à 300 fonctionnaires de l'ordre civil et militaire, dont les neuf dixièmes jeunes, inexpérimentés et livrés à eux-mêmes dans des postes isolés, jouent volontiers le rôle de petit maître, et 2,700 à 2,800 noirs qu'il appelle force publique, mais qui, en réalité, dépourvus de toute discipline, sont tout autant un danger pour l'Etat que pour les particuliers.

Toutes ces grandes allures prêteraient quelque peu au ridicule si, malheureusement, le caractère impraticable, disons mieux, intolérable des mesures consenties par notre Gouvernement, ne cachait de la part de l'Etat du Congo le dessein de ruiner indirectement le commerce d'autrui au profit exclusif du sien.

Ruiner le commerce d'autrui sans paraître vouloir poursuivre un tel but, tout est là, en effet : toujours la manœuvre tournante au succès de laquelle notre naïf pays se laissera prendre !

Aussi bien, peut-on affirmer que, pour si énormes que soient les droits consentis en faveur de l'Etat du Congo, au fond ce n'est pas à leur perception que ce dernier tenait ; car, pour si déraisonnables qu'ils fussent, il les estimait encore de beaucoup inférieurs à ses besoins. Non, ce qu'il voulait, c'était de les obtenir tellement exorbitants que, le commerce étranger reconnaissant l'impossibilité de pouvoir les supporter s'en allât de lui-même, pour lui, après, bénéficier de tous les profits que lui donnerait un monopole commercial de fait, sinon de droit.

Les clauses fiscales et autres, introduites dans la Convention n'ont donc été, de la part de l'Etat du Congo, nous le répétons, qu'une affaire de forme, destinée à masquer le dessein de vouloir se débarrasser indirectement de toute concurrence étrangère.

Sans cette arrière-pensée, comment l'Etat du Congo aurait-il osé émettre, sans éveiller l'attention de notre Gouvernement, la double prétention de vouloir, et faire du commerce pour son compte, et frapper ses concurrents de charges ruineuses?

Il est évident que, dans ce cas, au moins l'une des deux prétentions lui eût été refusée comme trop ouvertement contraire à tout esprit d'équité et à l'Acte de Berlin.

Que, par suite des lourdes charges qu'il lui a plu d'assumer, l'Etat du Congo souffre, aujourd'hui d'une gêne financière? C'est bien possible; mais est-ce là une raison pour que notre gouvernement lui sacrifie, bénévolement, l'existence commerciale de ceux de ses nationaux qui, sur la foi d'un traité solennel (l'Acte de Berlin), ont été induits à aller engager d'importants capitaux en plein cœur de l'Afrique?

Est-ce que, d'aventure, une cause étrangère lui paraîtrait plus digne d'intérêt que celle de ses nationaux, alors surtout que ceux-ci ont le droit absolu pour eux?

C'est à Berlin, en 1885, que l'Etat du Congo, au moment où il ne s'appelait encore que « Association Internationale du Congo » aurait dû faire ses réflexions, et voir si, en échange de la reconnaissance politique qu'il sollicitait alors des autres puissances, il lui convenait d'accepter ou de refuser les conditions que ces puissances y mettaient : la franchise d'entrée sur les marchandises et la liberté commerciale pour une période de vingt années.

Ayant accepté, et, par ce fait, induit le commerce en des dépenses considérables, aujourd'hui menacées de stérilité, quelle bonne raison a-t-on de vouloir frapper sur celui-ci?

Encore une fois pourquoi vouloir, injustement, déplacer les responsabilités ?

Si encore l'Etat du Congo, en arguant de ses besoins financiers, s'était montré animé de quelque esprit d'équité ? Mais non ; ce qu'il recherche, ce qu'il y a au fond de toutes ses demandes et mesures, c'est l'élimination préméditée de tout ce qui fait obstacle à ses visées d'accaparement commercial.

Ainsi, malgré tout son bon droit, le commerce, si l'on avait fait appel à son esprit de conciliation, ne se fût certainement pas refusé de consentir, à l'amiable, un droit de sortie unique, raisonnable, quelque peu élevé même, portant sur l'exportation des produits achetés en territoire de l'Etat et destinés à remplacer tous ceux qui, sous le nom de droits d'entrée et de taxes intérieures, sont d'ordre si compliqué et si vexatoire.

En effet, ce droit de sorti , simple et de perception facile autant qu'économique pour l'Etat, n'eût en rien entrave la liberté des opérations. Malheureusement pour le but que poursuit l'Etat, la simplicité ne fait pas son affaire ; ce qu'il recherche, ce qu'il lui faut, c'est au contraire la complication, l'exorbitance en tout, certain d'avoir, ainsi, toujours prise possible sur ses administrés. Les droits d'entrée *ad valorem* sur les marchandises n'ont, par exemple, pas d'autre but : il veut voir les factures, les prix, les provenances, les qualités, les genres, le nom des fournisseurs, etc., pour, à l'occasion, y puiser des indications utiles pour son propre commerce — car n'oublions pas que nous avons affaire ici à un *État commerçant ;* — et qui sait ! peut-être pour, en certains cas, voir ses agents en Afrique les préempter au grand préjudice de leur propriétaire, car il est utile de savoir que le remplacement de toute marchandise perdue ou préemptée, et dont la destination était le Haut-Congo, ne demande pas moins de six grands mois pour le faire aboutir.

CONCLUSION

De tous les faits et considérations exposés au cours de ce travail, nous osons espérer que le Parlement, suffisamment éclairé sur la valeur et la portée de la convention soumise à sa haute sanction, ne voudra pas ratifier un instrument qui, s'il était approuvé, entraînerait la retraite forcée, du territoire du Congo belge, de tous ceux de ses nationaux qui, ayant eu foi en la durée légale de l'Acte de Berlin, avaient édifié là, à grands frais, des établissements dont ils n'auraient plus que faire ;

Que, pénétré, au contraire, du devoir qui incombe au Gouvernement d'encourager et de protéger les intérêts légitimes qui ne craignent pas de s'engager en des entreprises lointaines et sérieuses, il voudra bien, tout au moins, inviter les ministres compétents à reprendre les négociations sur des bases plus acceptables, telles, par exemple, que celles qui résulteraient d'un droit unique portant sur la sortie des produits ;

Que si, en effet, l'Etat du Congo ne recherche véritablement qu'un allègement, équitable et supportable pour le commerce, de ses charges, il y a là le moyen de lui donner satisfaction sans trop léser les particuliers intéressés.

Mais qu'il doit être bien entendu que, en aucun cas, le Gouvernement de l'Etat du Congo, dont la fonction est de gouverner impartialement au profit de tous et non de commercer, ne devrait, soit directement, soit indirectement, se livrer à des opérations qui, en dehors du mauvais jour que celles-ci jettent sur son prestige, ne peuvent que faire naître des réclamations perpétuelles.

Enfin, qu'il est inadmissible et contraire aux règles de la plus simple équité qu'un Etat puisse, tout à la fois, s'adjuger la prétention de faire du commerce et de frapper ses concurrents de charges écrasantes dont, d'ailleurs, un acte international les garantit pendant une période qui a encore *quatorze années* d'existence légale à courir.

Paris, le 20 avril 1891.

M. BÉRAUD,
Ancien négociant au Congo,
Membre du Conseil supérieur des Colonies.

Nota. — Dans leurs explications devant le Parlement, les ministres diront, peut-être, que de grandes puissances comme l'Allemagne et l'Angleterre ayant approuvé, au cours des dernières conférences de Bruxelles, le principe des diverses mesures fiscales proposées par l'État du Congo, il était difficile à la France de ne pas se ranger à leur avis et, conséquemment, d'échapper aux négociations qui ont abouti à la convention du 9 février 1891.

L'approbation de l'Allemagne et de l'Angleterre !....

Ce qui eût surpris, c'est leur désapprobation de mesures qui servent si bien leur cause à la côte orientale d'Afrique, où sont leurs principales possessions.

En effet, n'ayant ni l'une ni l'autre d'intérêts sérieux engagés dans le bassin conventionnel du Congo, il leur importe beaucoup, au contraire, qu'un régime restrictif règne là, dans la plus large mesure possible, pour que le courant commercial du centre africain se dirige, dans l'avenir, vers leurs grandes colonies de la région de Zanzibar. Car, versant anglo-allemand oriental et versant franco-congolais-portugais occidental se touchent et sont situés sur les mêmes latitudes — ce qui ne peut manquer de faire, un jour, pencher la balance commerciale en faveur de celui des deux versants qui offrira aux indigènes le marché le plus avantageux pour eux.

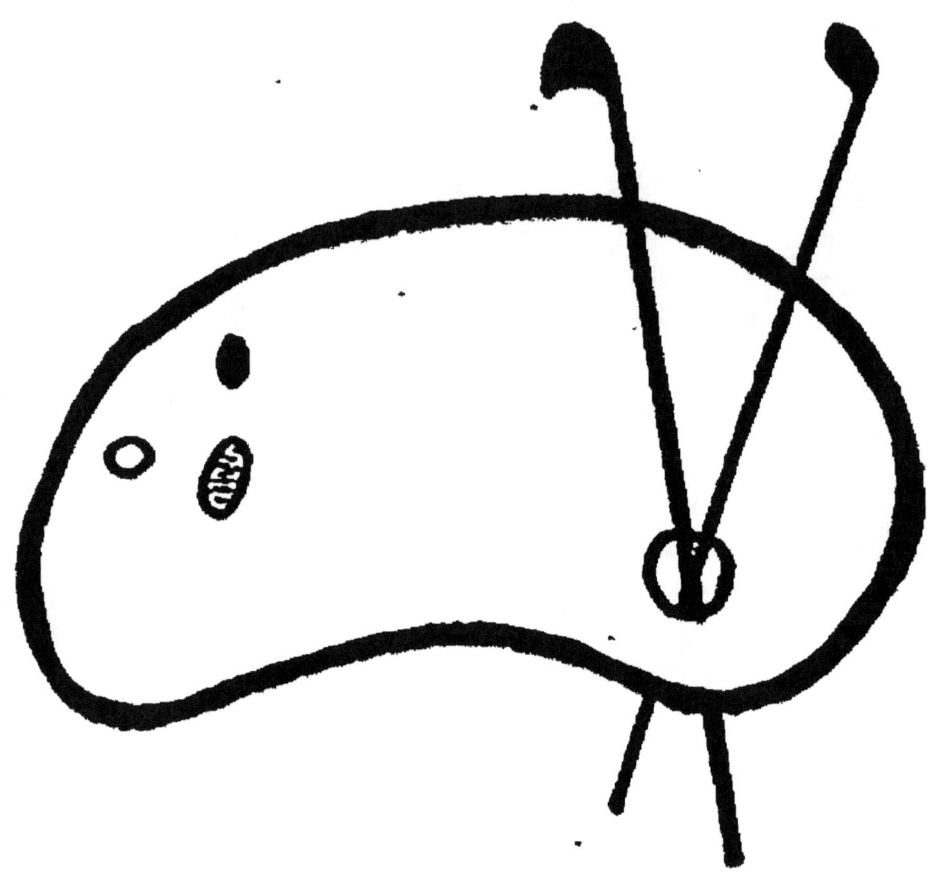

ORIGINAL EN COULEUR

NF Z 43-120-8